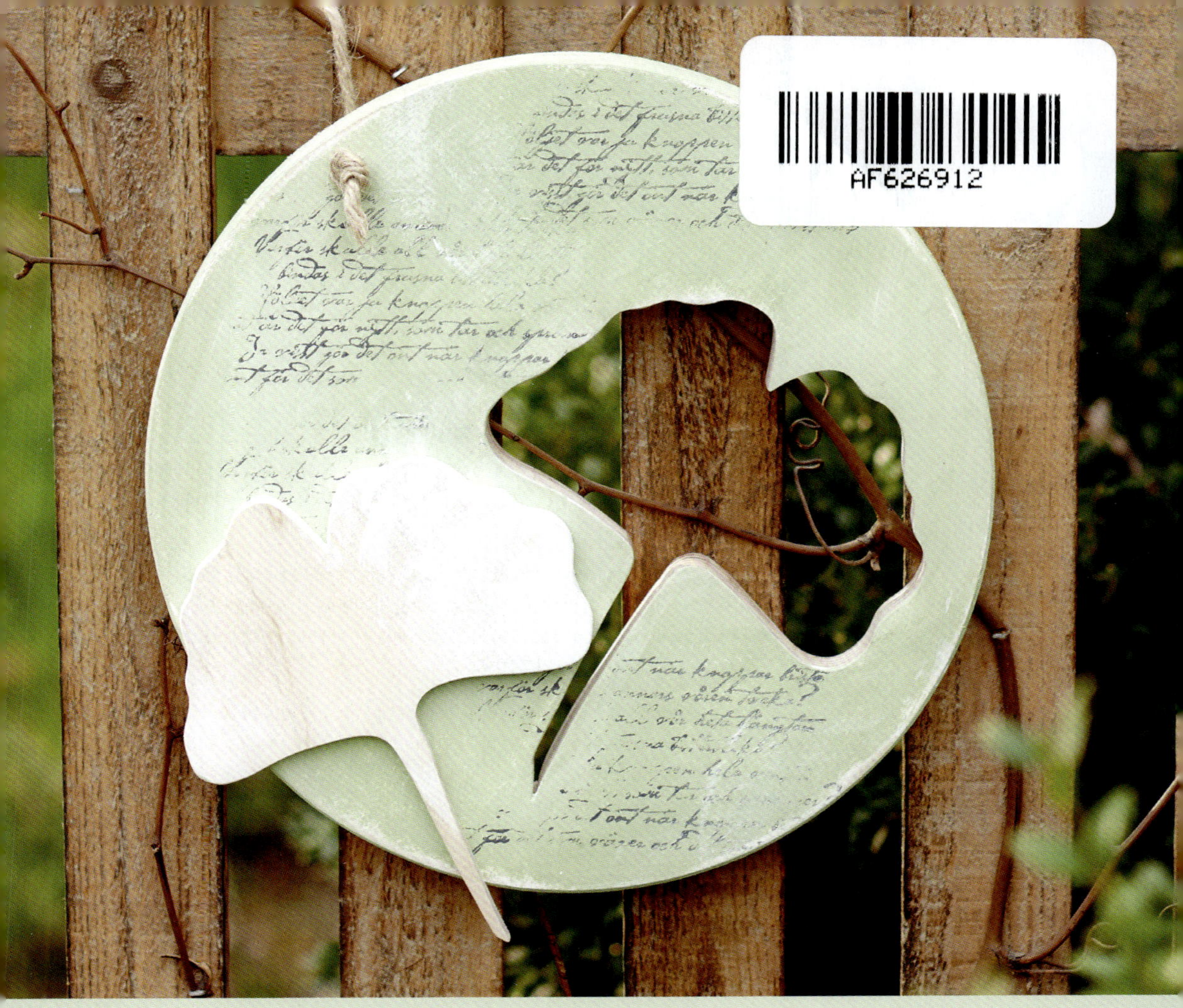

Holz ist eines der beliebtesten Bastelmaterialien und unglaublich vielfältig. Ob für den Innen- oder Außenbereich, bemalt oder naturbelassen, große, aufwendige oder kleine, ganz einfache Motive – hier findet jeder etwas Passendes!

Auf den folgenden Seiten habe ich Ihnen raffinierte Modelle aus Leim- und Sperrholz zusammengestellt. Stets wird mindestens ein Element aus einem oder auch aus zwei Holzbrettern ausgesägt und an anderer Stelle für die Dekoration des Modells wiederverwendet. So entstehen interessante Kombinationen – für die eigenen vier Wände oder zum Verschenken. Bei der Farbgestaltung der Modelle können Sie sich an den Abbildungen orientieren oder ganz eigene Farbwelten entwickeln.

Ich wünsche Ihnen viel Spaß beim Sägen, Bohren und Bemalen!

Alice Rögele

Süßes Häschen

bewacht das Osternest

MOTIVHÖHE
80 cm

MATERIAL
- 2 Leimholzbretter, je 18 mm stark, 20 cm x 80 cm und 18 cm x 37 cm (Hase und Herz)
- Farbe in Weiß, Rosa, Braun und Schwarz
- Paketschnur, 120 cm lang
- Mühlenbeckiaranken, 15 cm lang
- Frühlingszweig, ca. 30 cm lang
- 3 Gewindestangen, ø 8 mm, 2x 25 cm und 1x 50 cm lang
- Lackdraht in Braun, ø 0,35 mm, 3x 15 cm lang
- Holzbohrer, ø 8 mm
- Klarlack
- Heißkleber

VORLAGE
Bogen 2A

1 Den Hasen und das Herz von der Vorlage auf das kleinere Leimholzbrett übertragen und aussägen. Den Hasen nochmals zur Hälfte auf das große Leimholzstück übertragen und ebenfalls aussägen. Die Löcher für die Gewindestangen bohren. Weiß mit etwas Wasser verdünnen und das Brett bemalen. Den Hasen mit verdünntem Braun, das Herz mit Rosa grundieren. Gut trocknen lassen.

2 Das Hasengesicht von der Vorlage abpausen. Die Augen und die Schnurrhaare mit einem feinen Pinsel und leicht verdünntem Schwarz, die Nase mit Rosa nachziehen. Erneut trocknen lassen. Brett, Herz und Hase zusätzlich mit Klarlack überziehen.

3 Die Schnur umbinden, die Mühlenbeckiaranken und den Frühlingszweig mit Draht anhängen. Das Herz mit Heißkleber befestigen. Die Gewindestangen mit Heißkleber in die Bohrungen kleben. Den Hasen zusätzlich mit Ranken oder einem Frühlingszweig dekorieren.

Mein Tipp für Sie

Liebevolle Details Dekorieren Sie das Motiv zusätzlich mit einem Osternest. Arrangieren Sie hierfür etwas Moos, verschiedene Deko-Eier und einen Frühlingszweig in einem Kranz.

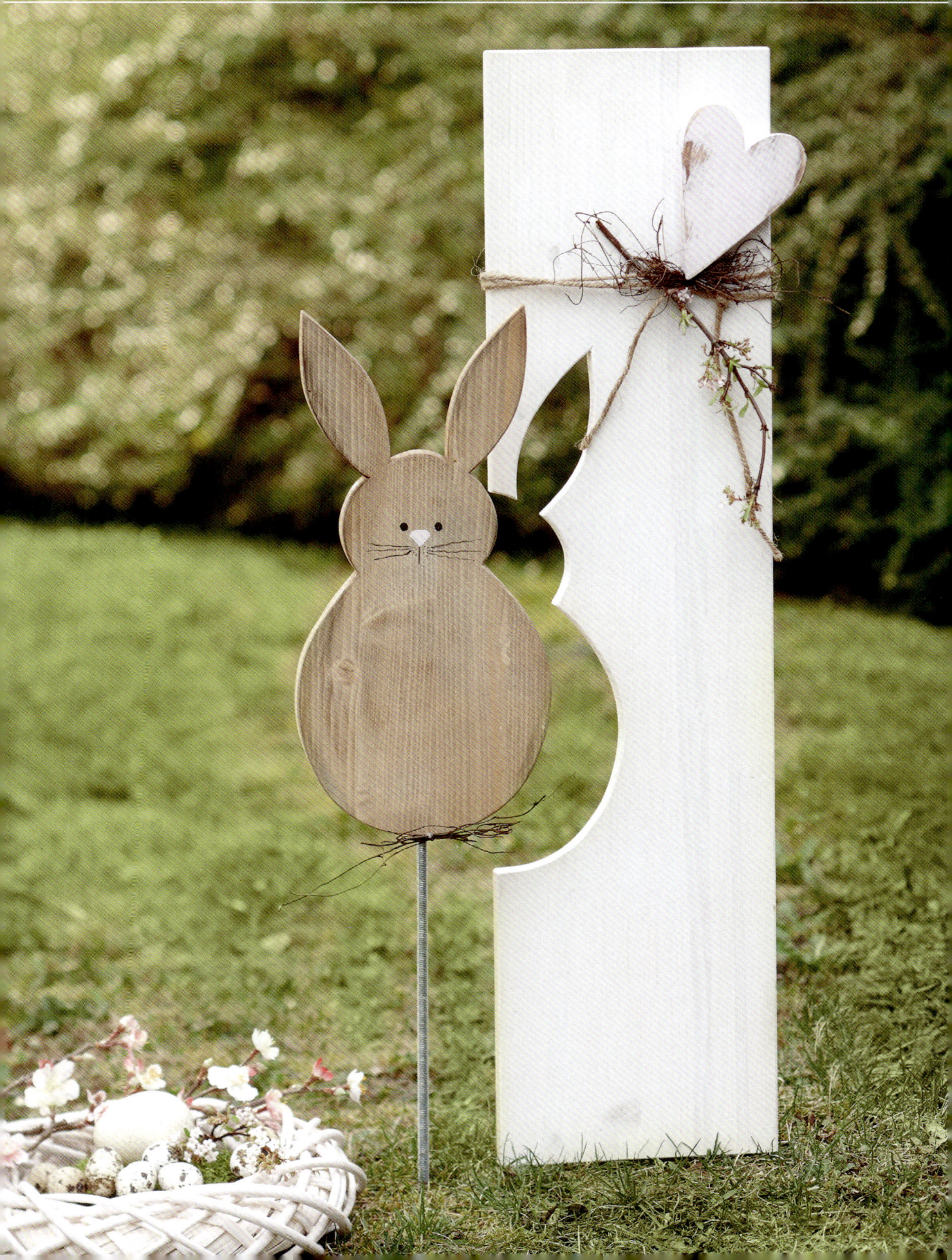

Schmetterlinge

auf der Blumenwiese

MOTIVHÖHE
77 cm

MATERIAL
- 3 Leimholzbretter, 18 mm stark, 2x 20 cm x 70 cm und 1x 20 cm x 17 cm (Schmetterling)
- Kreidefarbe in Pastellgrün und Grau
- Stempel mit Schriftzug
- Bindedraht geglüht, ø 0,65 mm, 20 cm lang
- 4 Gewindestangen, ø 8 mm, 30 cm lang
- Holzbohrer, ø 8 mm und ø 2 mm
- Heißkleber
- Schleifpapier, 80er-Körnung
- Überzugslack für Kreidefarbe

VORLAGE
Bogen 2A

1 Die Leimholzbretter (70 cm lang) nebeneinanderlegen und die Schmetterlingshälften von der Vorlage übertragen. Einen weiteren Schmetterling vollständig auf das kleinere Holzstück übertragen. Die Motive aussägen und die Löcher für Fühler und die Gewindestangen in die Brettenden bohren.

2 Die Bretter und den Schmetterling mit Grau grundieren. Nach dem Trocknen eines der Bretter und den Schmetterling zusätzlich mit Pastellgrün bemalen. Stellenweise in die noch nasse Farbe einen Hauch Grau geben und die Farben rasch ineinander verstreichen. Erneut trocknen lassen.

3 Die Farbe mit dem Schleifpapier stellenweise wieder etwas abnehmen, orientieren Sie sich dabei an der Abbildung. Den Stempel mit wenig Pastellgrün besteichen und den Schriftzug an einigen Stellen auf dem grauen Brett anbringen. Ebenso das pastellgrüne Brett mit etwas Grau bestempeln. Die Motive nach dem Trocknen mit Klarlack überziehen.

4 Die Fühler aus Bindedraht am Schmetterling anbringen. Den Schmetterling mit Heißkleber am grauen Brett befestigen und die Gewindestangen ebenfalls mit Heißkleber an der Brettunterseite in die Bohrungen kleben.

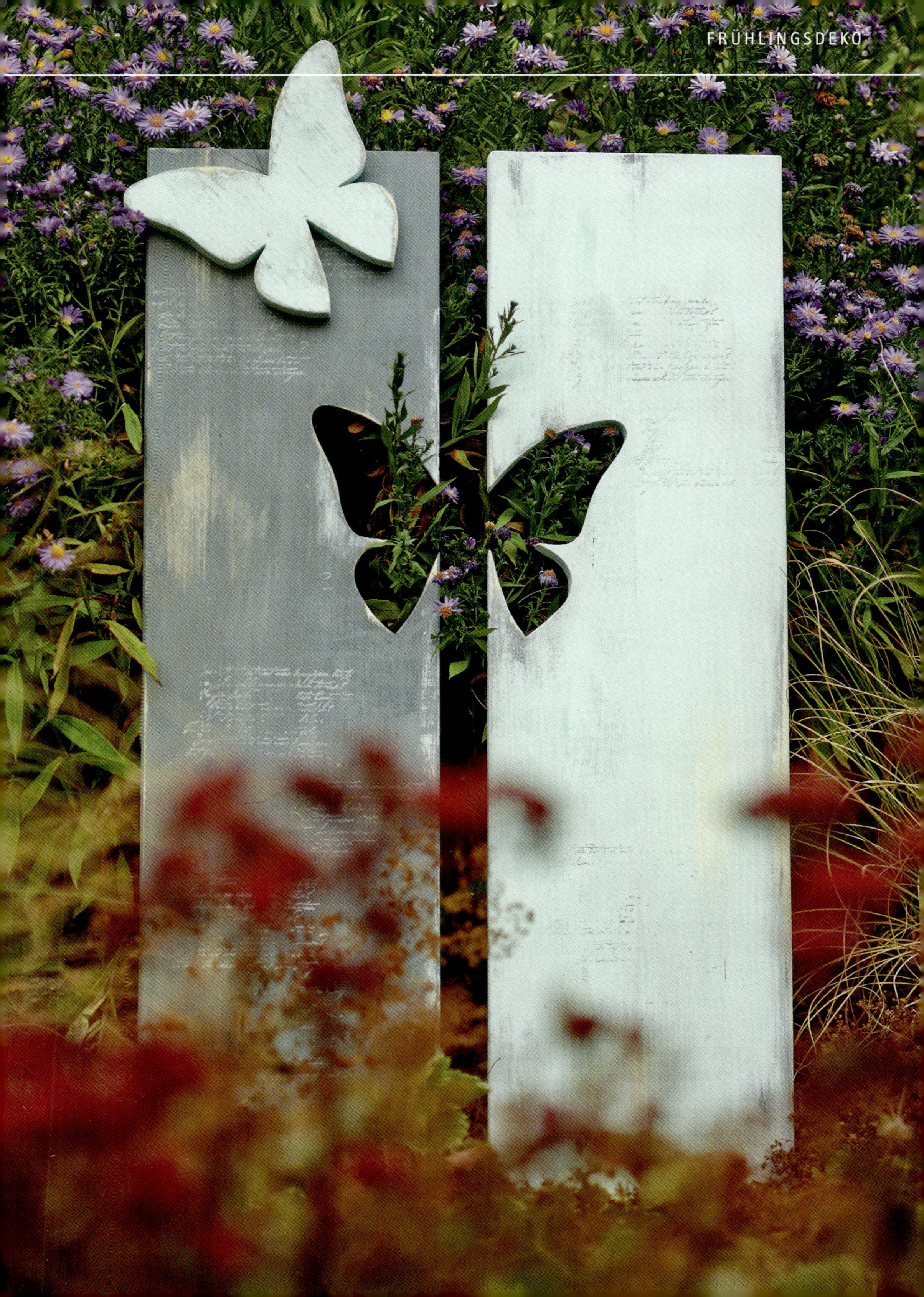

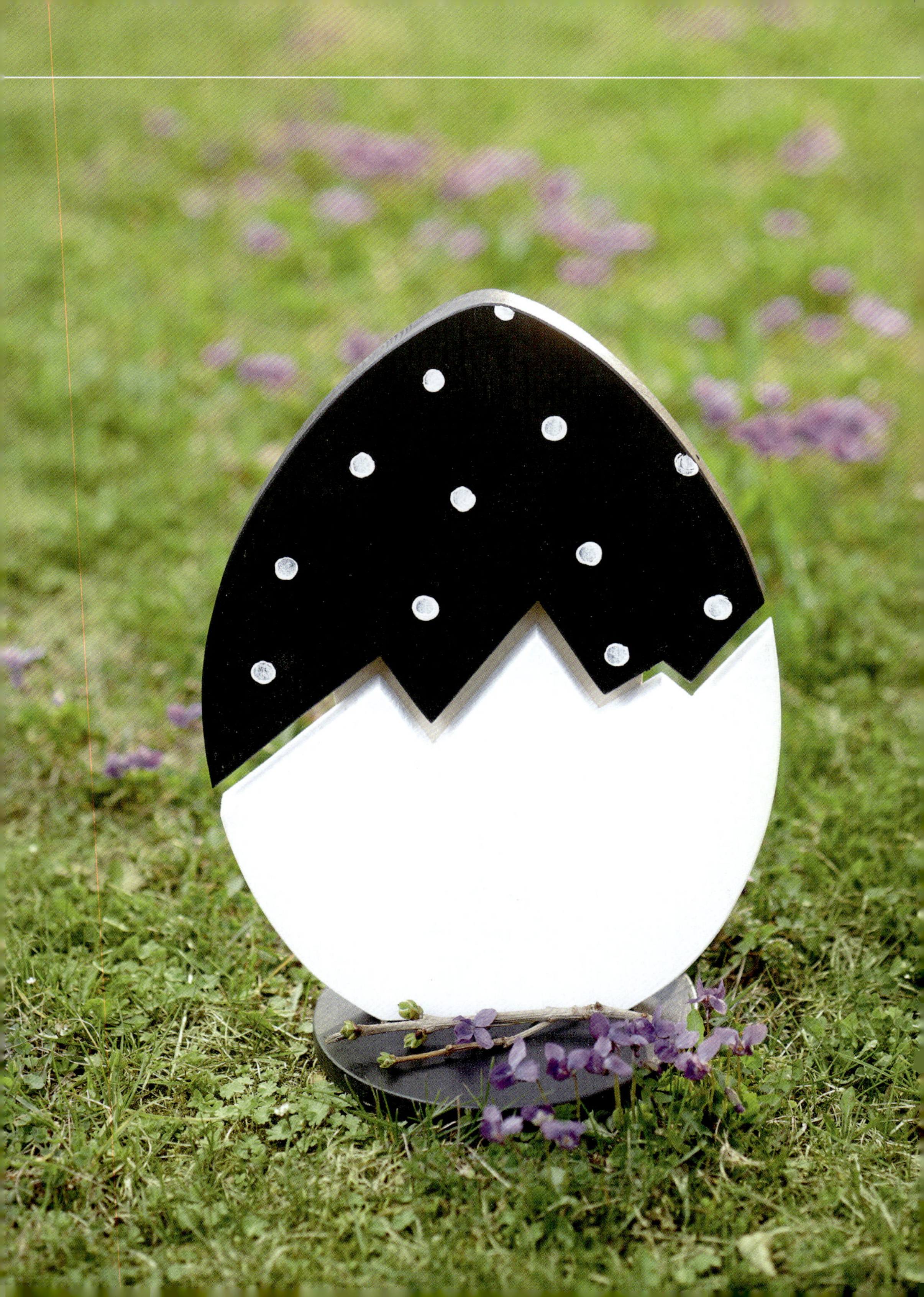

Überraschungsei

wer schlüpft denn da?

MOTIVHÖHE
34 cm

MATERIAL

- Leimholzbrett, 18 mm stark, 26 cm x 32 cm
- 2 Sperrholzstücke, 6 mm stark, 18 cm x 13 cm (Befestigung Rückseite) und 10 mm stark, 19 cm x 19 cm (Bodenplatte)
- Farbe in Weiß und Schwarz
- Rundholzstab, ø 10 mm, 4 cm lang
- Frühlingszweig, 8–15 cm lang
- 8 Senkkopfschrauben, ø 3 mm, 6x 20 mm lang und 2x 35 mm lang

VORLAGE
Bogen 2A

1 Das Ei auf das Leimholzbrett, die Scheibe auf das Sperrholz (10 mm stark) und das kleine Ei auf das schmalere Sperrholz (6 mm stark) übertragen und aussägen. Das große Ei entlang der eingezeichneten Linie in zwei Teil sägen.

2 Den oberen Teil des Eies und die Bodenscheibe in Schwarz, die untere Hälfte des Eies in Weiß bemalen und trocknen lassen. Das kleine Ei bleibt Natur. Mit dem Rundholzstab und weißer Farbe Punkte auf die schwarze Hälfte tupfen.

3 Mithilfe der kurzen Schrauben und des kleinen Eies werden die Eihälften mit 1 cm Abstand aneinander befestigt, am besten Sie arbeiten hierfür zu zweit. Eine Person fixiert die Bretter und eine weitere zieht die Schrauben an. Das Ei wird nun mit den längeren Schrauben auf der Bodenplatte montiert.

4 Zum Abschluss wird das Ei mit einem Frühlingszweig oder mit Blüten dekoriert.

Mein Tipp für Sie

Weitere Befestigung Statt der Schrauben können Sie das kleine Ei auch mit Heißkleber oder Holzleim an den Eihälften befestigen. Lassen Sie die Teile dann liegend trocknen, bevor Sie diese an der Bodenplatte befestigen.

Häuschen-Stecker

und gefiederter Bewohner

MOTIVHÖHE
90 cm

MATERIAL
- 2 Leimholzbretter, 18 mm stark, 24 cm x 50 cm (Häuschen) und 6 cm x 9 cm (Vogel)
- Farbe in Weiß, Mittelgrün, Ocker und Schwarz
- Mühlenbeckiaranken, ca. 20 cm lang
- Gewindestange, ø 8 mm, 50 cm lang
- Lackdraht in Braun, ø 0,35 mm, 15 cm lang
- Holzbohrer, ø 8 mm und ø 10 mm
- Heißkleber

VORLAGE
Bogen 1A

1 Das Häuschen und den Vogel von der Vorlage auf das Leimholz übertragen und aussägen. Anschließend den Vogel innerhalb des Häuschens aussägen (s. Umschlagklappen). Das Loch für die Gewindestange bohren.

2 Das Häuschen in Grün und den Vogel in Ocker streichen. Nach dem Trocknen viel Weiß und etwas Schwarz zu einem Grauton mischen und das Dach und den Schnabel des Vogels damit bemalen. Das Auge mit Schwarz auftragen und erneut alles gut trocknen lassen.

3 Den Vogel mit Heißkleber am Häuschen befestigen, mit den Mühlenbeckiaranken dekorieren. Die Gewindestange mit Heißkleber anbringen.

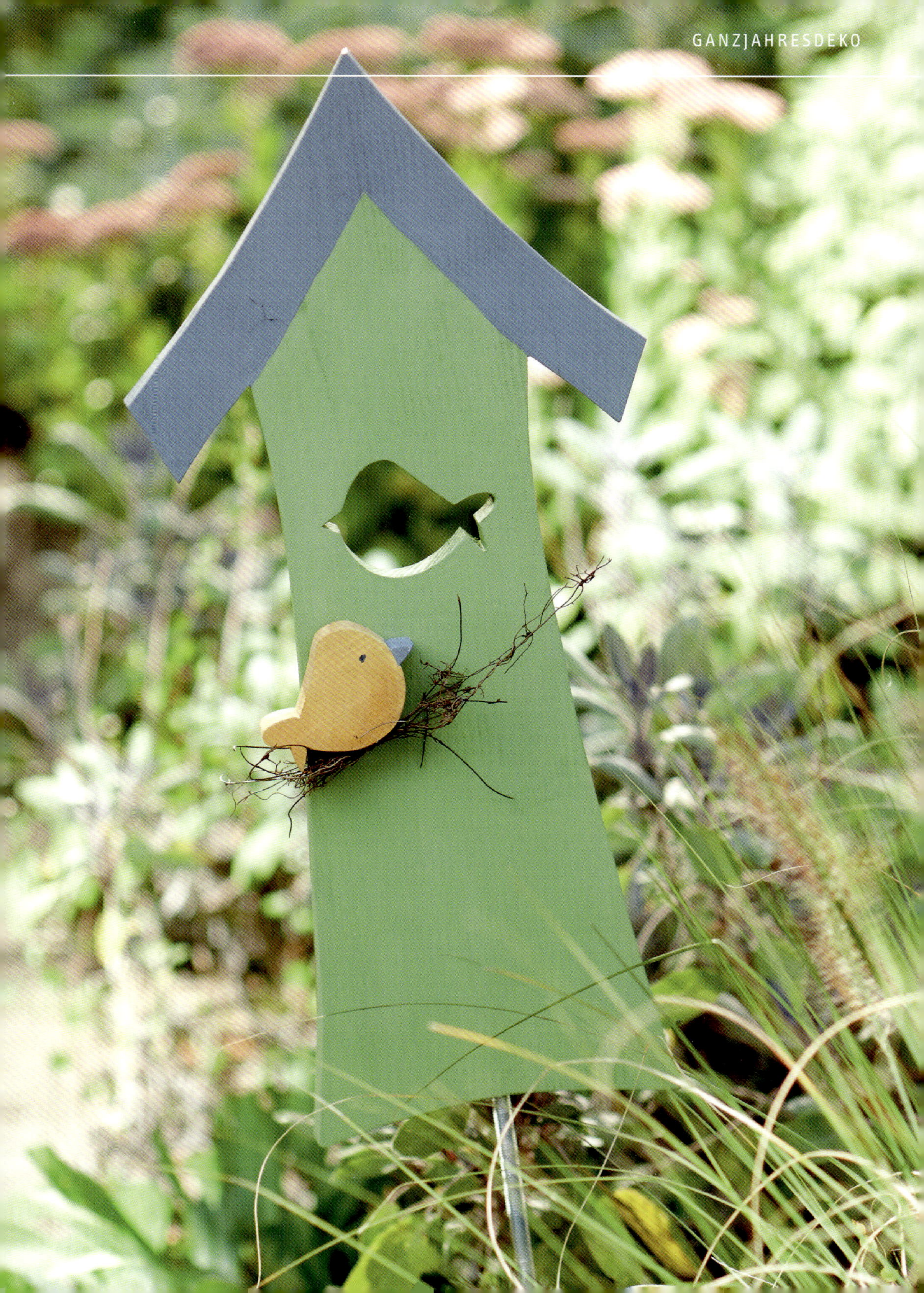

Blumenstecker

blüht das ganze Jahr

MOTIVHÖHE
70 cm

MATERIAL
- Leimholzbrett, 18 mm stark, 27 cm x 50 cm
- Kreidefarbe in Weiß, Rosa und Braun
- Farbe in Braun
- Mühlenbeckiaranken, 13–15 cm lang
- Bast in Natur, 1 m lang
- Holzanhänger „Herz“, ø ca. 10 cm
- Gewindestange, ø 8 mm, 50 cm lang
- Lackdraht in Braun, ø 0,35 mm, 2x 15 cm lang
- Holzbohrer, ø 8 mm und ø 10 mm
- Heißkleber
- Schleifpapier, 80er-Körnung
- Überzugslack für Kreidefarbe

VORLAGE
Bogen 1A

1 Die Blumen und den Schmetterling aussägen. Die Schmetterlingsvorlage zusätzlich mittig auf eine Blüte übertragen und das Motiv innerhalb der Blüte aussägen (s. Umschlagklappen). Die Löcher für die Gewindestangen bohren.

2 Die Blumen und den Schmetterling mit brauner Kreidefarbe grundieren und gut trocknen lassen. Beide Blumen vollständig in Rosa streichen und erneut trocknen lassen. Die Blume, auf der später der Schmetterling angebracht wird, zusätzlich in Weiß bemalen. Die Farbe nach dem Trocknen stellenweise wieder mit Schleifpapier abnehmen. Die Blütenmitte der weißen Blume etwas stärker abschleifen. Orientieren Sie sich dabei an der Abbildung.

3 Die braune Farbe mit Wasser verdünnen und die Blüten besprenkeln. Liegend trocknen lassen. Den Überzugslack nach Herstellerangaben auftragen und trocknen lassen, um die Motive vor der Witterung zu schützen. Nun die Gewindestangen mit Heißkleber befestigen. Aus den Ranken zwei Bündel schnüren und diese mit etwas Bast unterhalb der Blüten an die Stecker binden. Den Herzanhänger als Dekoration anbringen. Den Schmetterling mit Heißkleber an der weißen Blume befestigen.

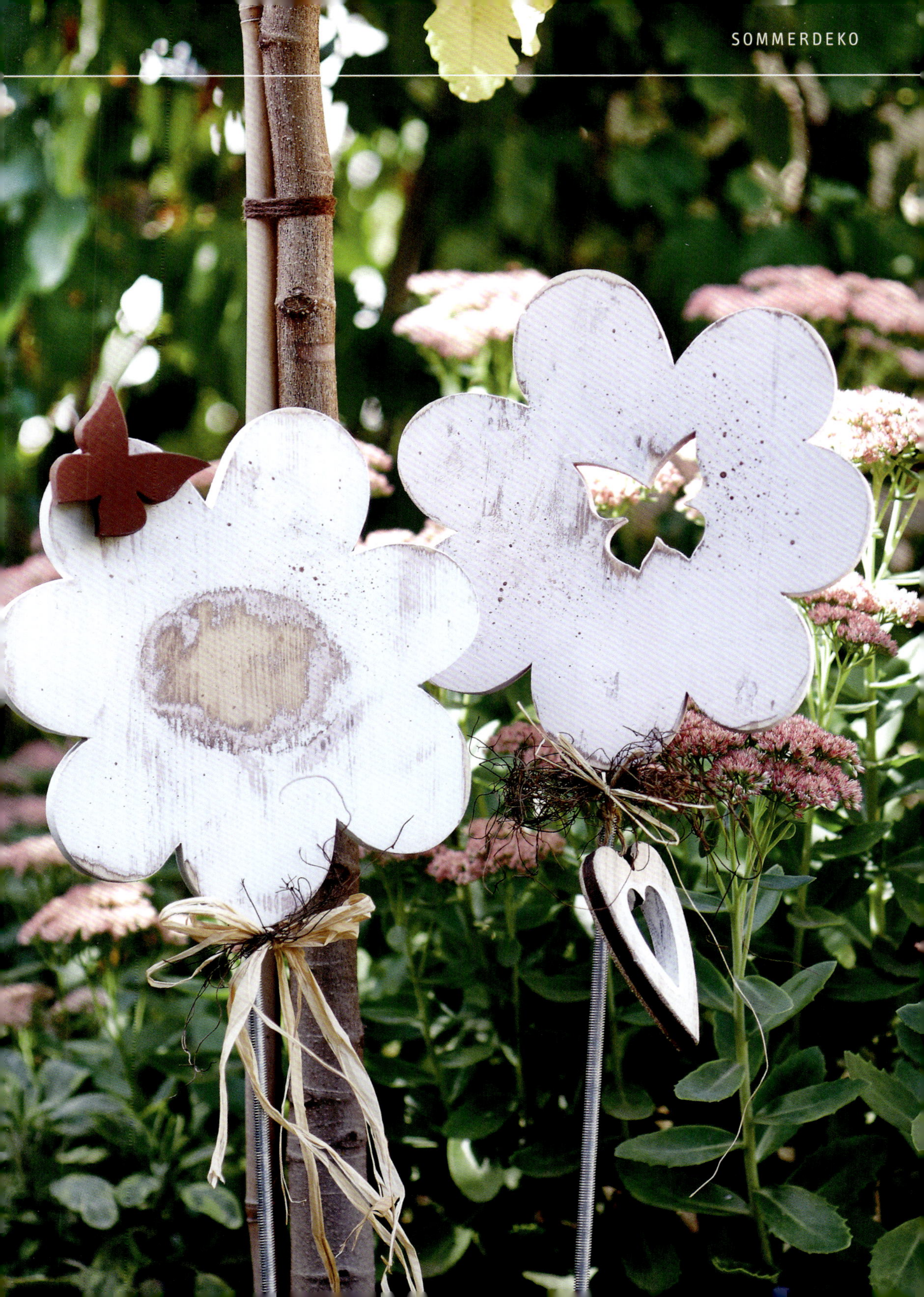

Glücksklee

sorgt für positive Energie

MOTIVHÖHE
100 cm

MATERIAL
- 2 Leimholzbretter, 18 mm stark, 20 cm x 100 cm und 18 cm x 18 cm (Klee)
- Farbe in Weiß, Mittelgrün, Schwarz und Hellbraun
- Paketschnur, 120 cm lang
- verschiedene Zweige, ca. 30 cm lang
- Lackdraht in Braun, ø 0,35 mm, 15 cm lang
- Holzbohrer, ø 8 mm und ø 10 mm
- Heißkleber

VORLAGE
Bogen 1A

1 Das Kleeblatt auf beide Leimholzbretter übertragen und aussägen (s. Umschlagklappen).

2 Braun mit reichlich Wasser verdünnen und das lange Brett zügig mit der Farbe grundieren. Grün mit einem Hauch Schwarz und Weiß mischen und das Kleeblatt bemalen. Alles trocknen lassen.

3 Die Schrift von der Vorlage auf das Motiv übertragen und mit einem feinen Pinsel und einer leicht verdünnten Mischung aus Braun und Schwarz nachschreiben. Die Schnur umbinden und das Kleeblatt mit Heißkleber befestigen. Das Motiv mit ein paar Zweigen dekorieren.

Mein Tipp für Sie

Variation Sie können dieses Motiv entweder anlehnen oder mit zwei Gewindestangen (ø 8 mm, 25 cm lang), die Sie an der Brettunterseite anbringen, in die Erde stecken.

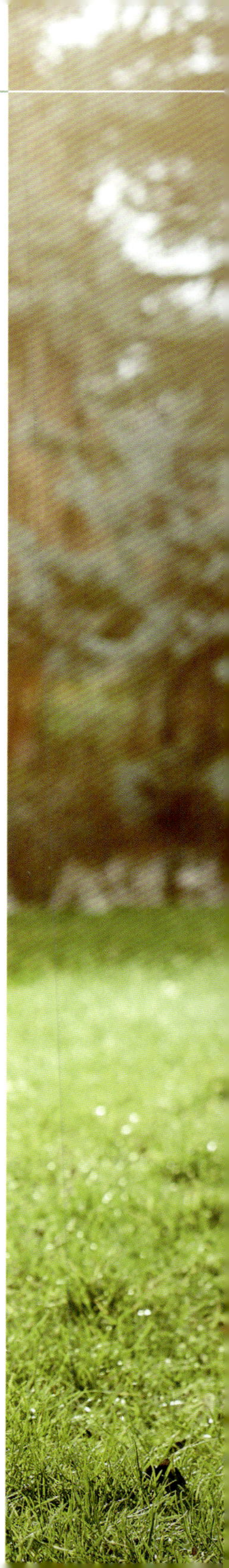

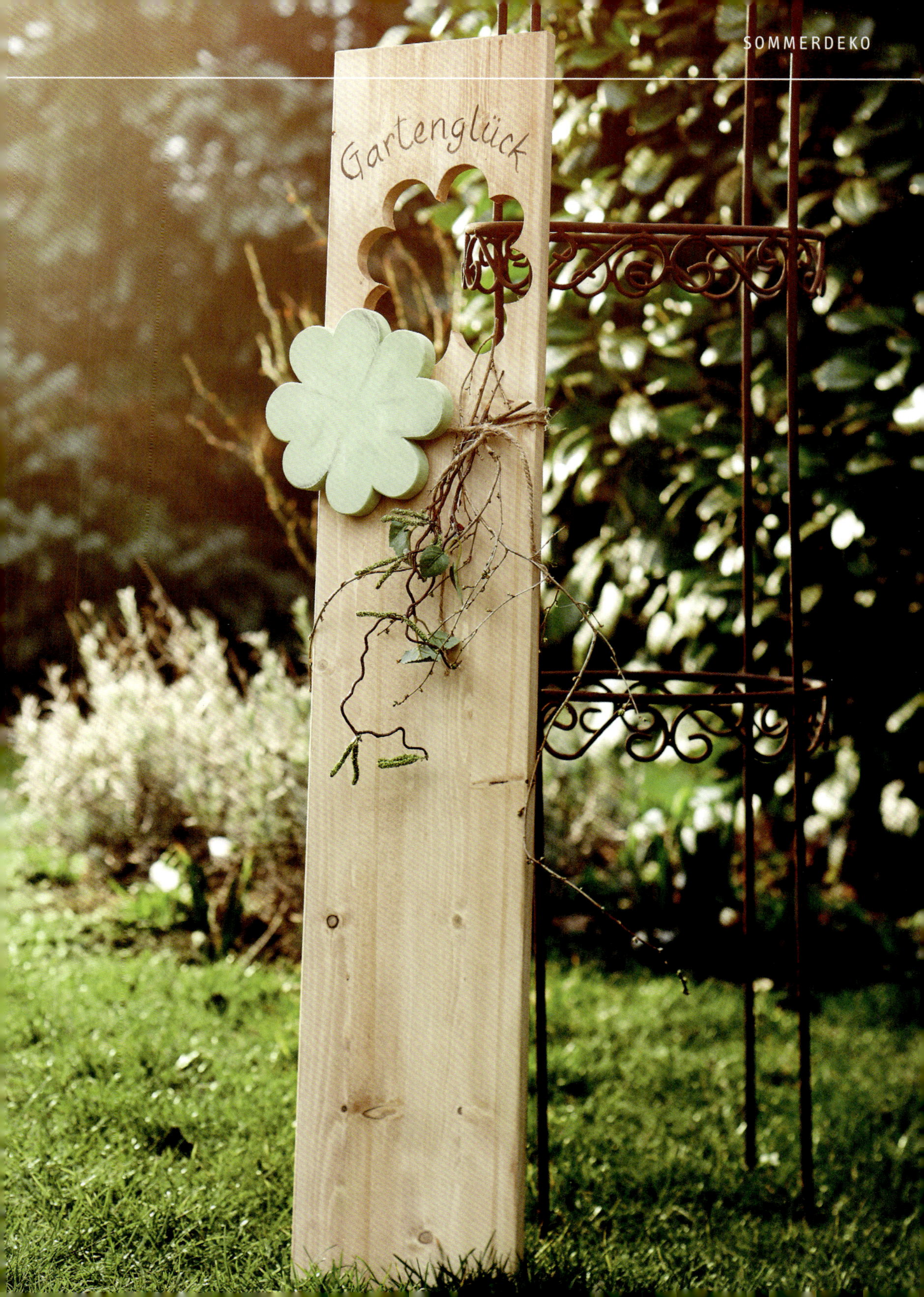
Gartenglück

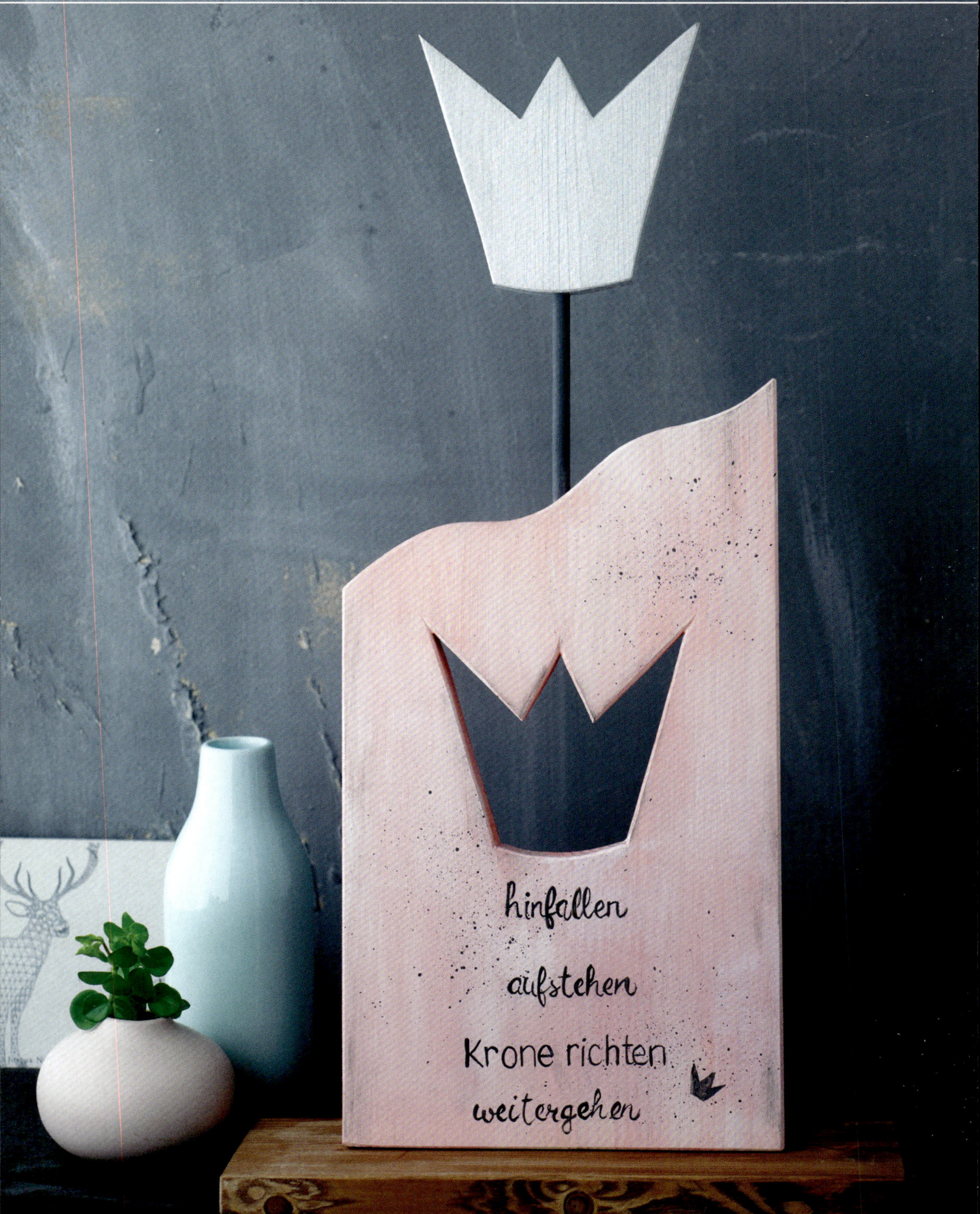
hinfallen
aufstehen
Krone richten
weitergehen

Krone

mit Motivationsspruch

MOTIVHÖHE
51 cm

MATERIAL

- 3 Leimholzbretter, 18 mm stark, 20 cm x 34 cm (Spruch); 30 cm x 10 cm (Bodenplatte); 13 cm x 15 cm (Krone)
- Farbe in Weiß, Rosa, Dunkelbraun, Silber und Schwarz
- Rundholzstab, ø 8 mm, 15 cm lang
- 2 Senkkopfschrauben, ø 2,5 mm, 30 mm lang
- Holzbohrer, ø 8 mm und ø 10 mm

VORLAGE
Bogen 2B

1 Die Grundform mit der Krone auf das Leimholzstück (20 cm x 34 cm) übertragen und aussägen. Die Krone innerhalb des Motivs ebenfalls aussägen (s. Umschlagklappen). Eine weitere Krone und die Bodenplatte zusägen, die Löcher für den Rundholzstab bohren.

2 Das Brett in Rosa bemalen. Wenig Weiß in die noch nasse Farbe geben und rasch verstreichen. Braun mit Wasser verdünnen und die Bodenplatte grundieren. Den Rundholzstab mit einer Mischung aus Weiß und Schwarz, die Krone in Silber bemalen. Trocknen lassen.

3 Weiß und Schwarz zu einem Grauton mischen und das Brett mit einem fast trockenen Pinsel stellenweise schattieren. Die Schrift von der Vorlage übertragen und mit leicht verdünntem Grau nachschreiben. Die graue Farbe nochmals mit etwas Wasser verdünnen und das Brett besprenkeln. Das Motiv liegend trocknen lassen.

4 Die Bodenplatte mit den Schrauben befestigen, die Krone mit dem Rundstab aufstecken.

Kleine Wohnsiedlung

hübsch arrangiert

MOTIVHÖHE
25 cm

MATERIAL

- 2 Leimholzbretter, 18 mm stark, 20 cm x 25 cm (Platte) und 20 cm x 35 cm (Häuschen)
- Farbe in Weiß, Hellbraun und Schwarz
- Holzbohrer, ø 8 und ø 10 mm

VORLAGE
Bogen 1B

1 Die Häuschen laut Vorlage auf das Holz übertragen und aussägen. Das größte Häuschen zusätzlich auf die Platte übertragen und ebenfalls aussägen. Weiß mit Wasser verdünnen und die Platte sowie zwei Häuschen bemalen. Weiß und Schwarz mischen, mit Wasser verdünnen und ein weiteres Häuschen in Grau streichen.

2 Nun auch das letzte Häuschen mit verdünntem Braun bemalen. Nach dem Trocknen die Dächer in Weiß und in verschiedenen Grautönen bemalen. Mischen Sie hierfür Schwarz mit etwas Weiß.

3 Das Herz, den Stern, die Schrift und die Fenster von der Vorlage übertragen und in Weiß, Braun und Grau auf die Häuschen zeichnen. Orientieren Sie sich dabei an der Abbildung. Abschließend die Platte mit verdünntem Grau besprenkeln. Das Motiv liegend trocknen lassen. Die Häuschen nach Belieben arrangieren.

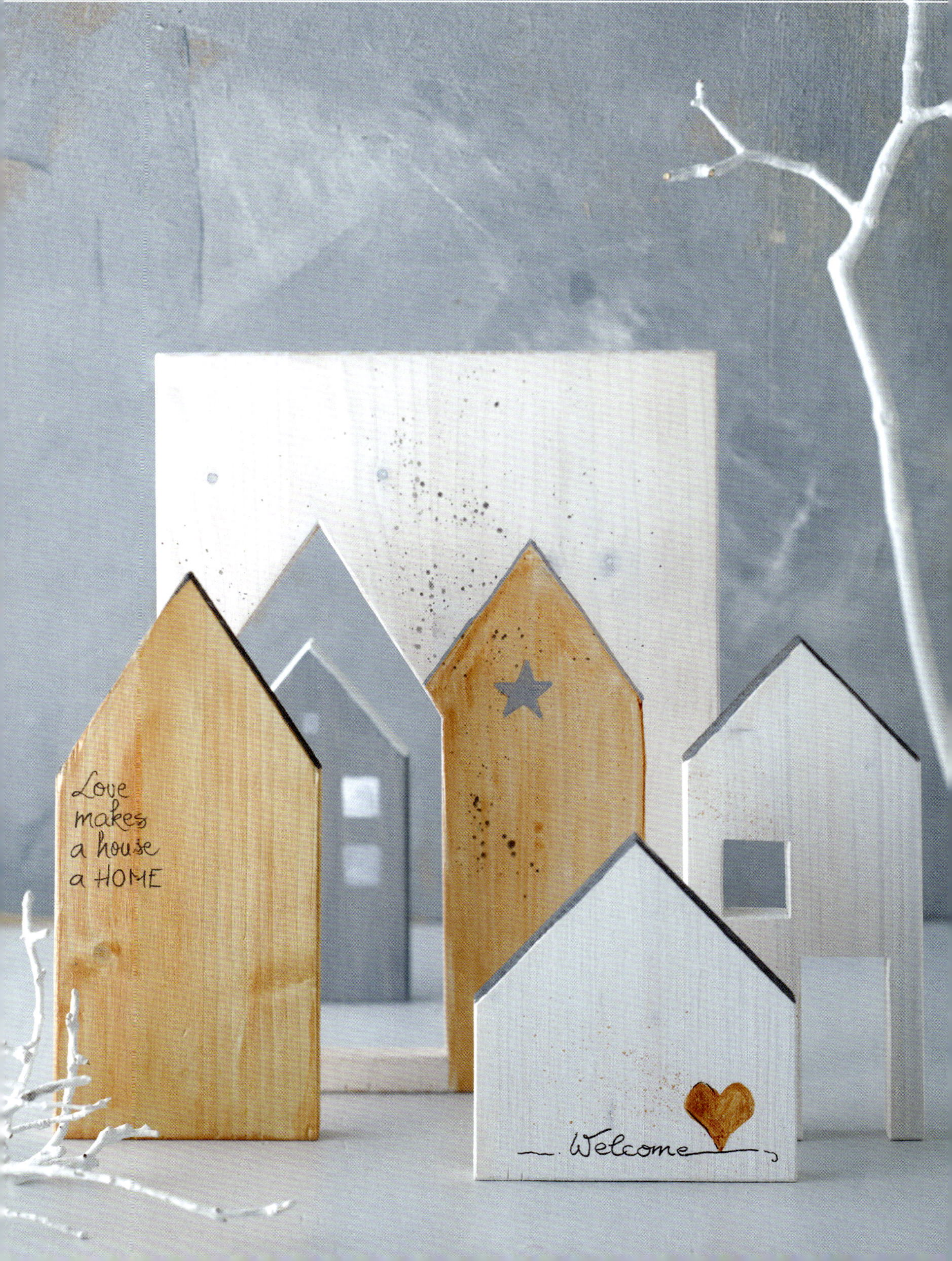
Love
makes
a house
a HOME
Welcome

Unsere Familie

unser Leben

MOTIVHÖHE
47 cm

MATERIAL
- 3 Leimholzbretter, 18 mm stark, 20 cm x 45 cm (Platte); 15 cm x 34 cm (Personen); 30 cm x 15 cm (Bodenplatte)
- Farbe in Weiß, Blau und Schwarz
- Kreidefarbe in Hellblau und Hellgrau
- 2 Senkkopfschrauben, ø 2,5 mm, 30 mm lang
- Schleifpapier, 80er-Körnung
- Heißkleber

VORLAGE
Bogen 2B

1 Die Personenvorlage übertragen und aussägen. Die Platte in Hellblau, die Bodenplatte und die kleine Figur in Hellgrau, das Paar in Blau bemalen. Unterstreichen Sie die rechte Seite des Motivs, indem Sie in die noch nasse Farbe etwas Weiß geben und die Farben rasch ineinander verstreichen. Nach dem Trocknen wird das Paar zusätzlich schattiert. Hierfür die Figuren mit einem fast trockenen Pinsel und schwarzer Farbe betonen. Orientieren Sie sich dabei an der Abbildung.

2 Die Schrift von der Vorlage übertragen und diese mit verdünntem Schwarz und einem feinen Pinsel nachschreiben. Schwarz mit etwas Wasser verdünnen und die Platte besprenkeln. Trocknen lassen. Die Platte auf die Bodenplatte schrauben, die Personen mit Heißkleber befestigen.

Mein Tipp für Sie

Farbigkeit Wählen Sie für dieses Motiv Farben, die gut in Ihre Wohnung passen oder verwenden Sie die Lieblingsfarben der Familie.

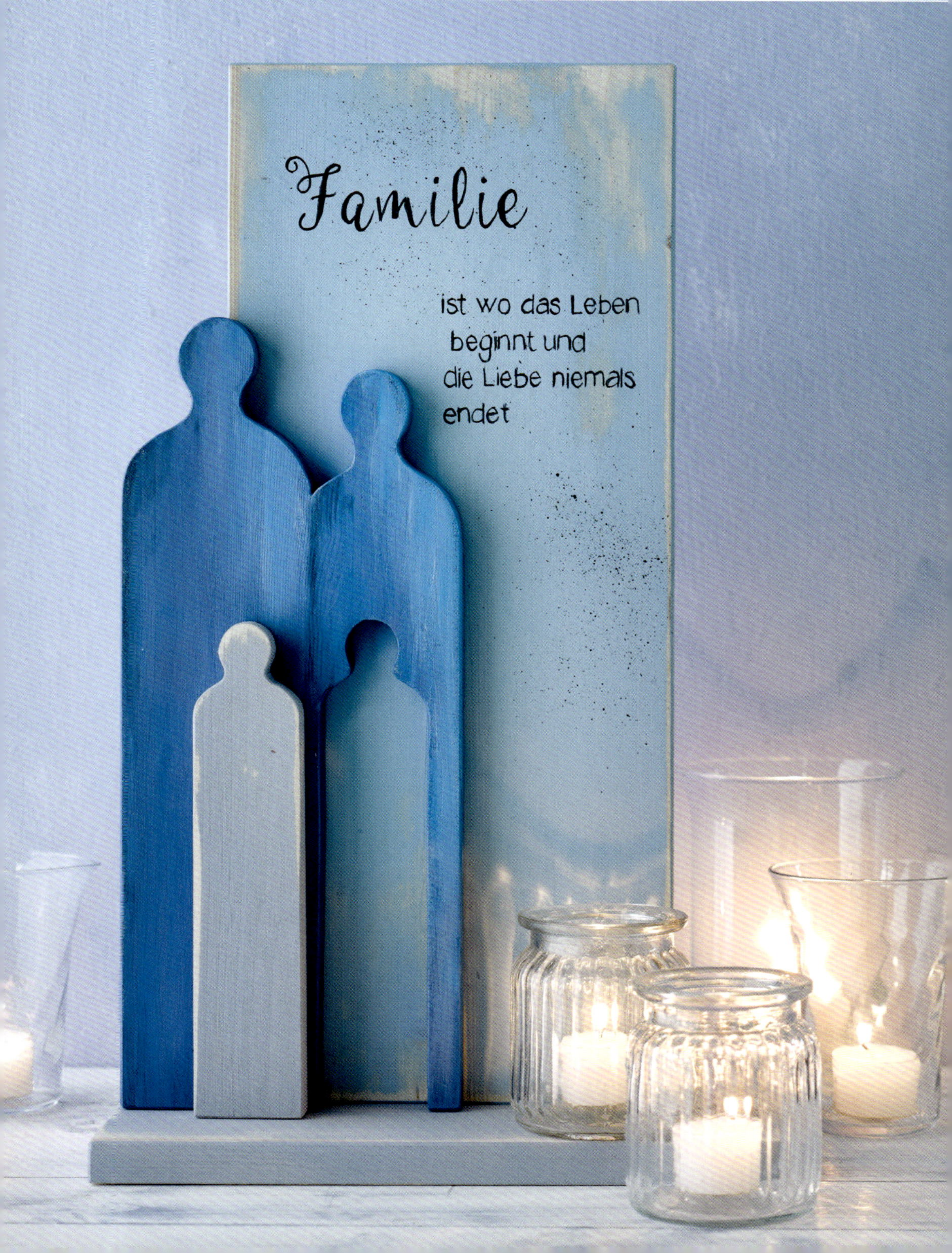
Familie
ist wo das Leben
beginnt und
die Liebe niemals
endet

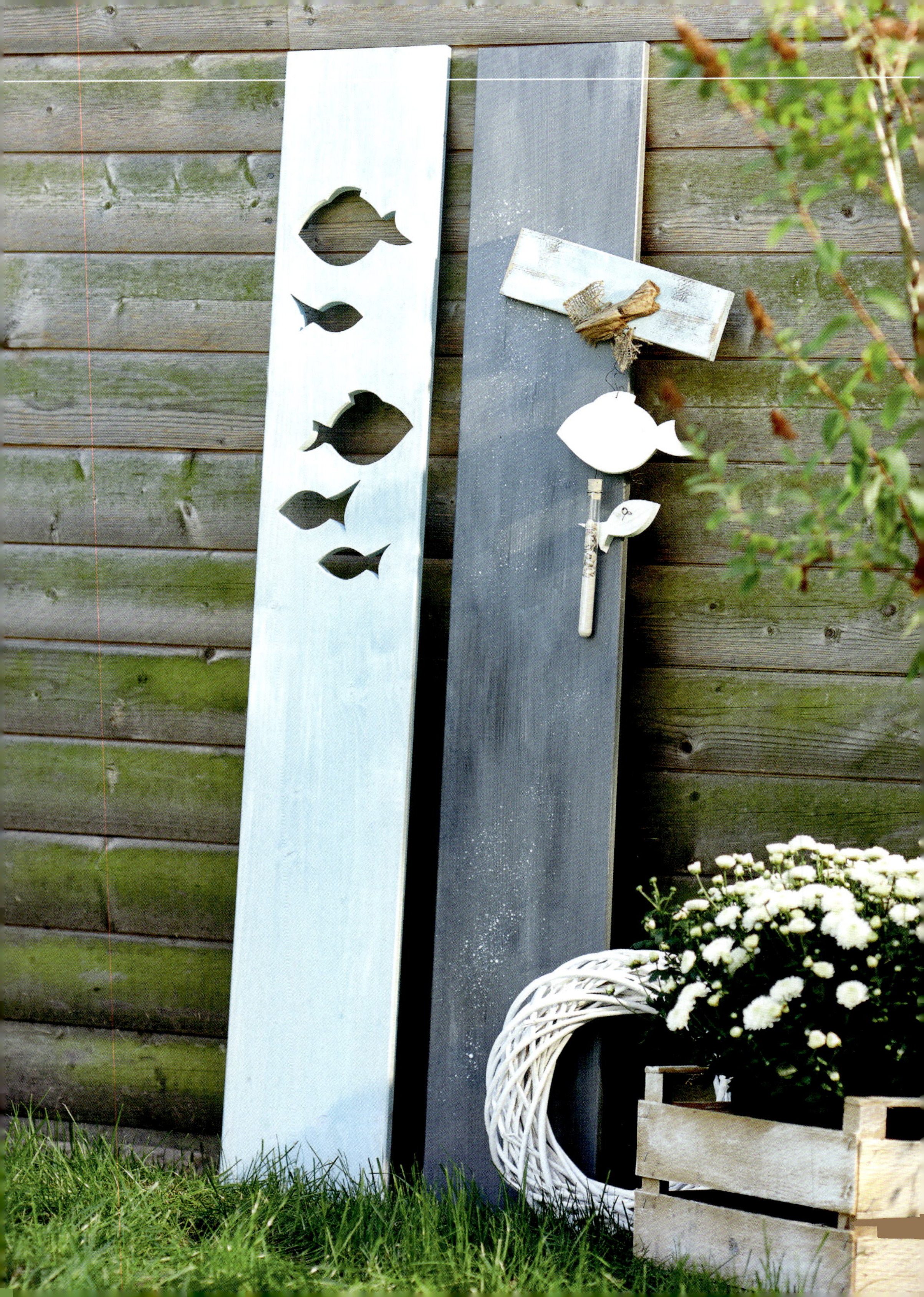

Fische und Meeresrauschen

vertreiben das Fernweh

MOTIVHÖHE
130 cm

MATERIAL

- 3 Leimholzbretter, 18 mm stark, 2x 20 cm x 130 cm; 1x 16 cm x 17 cm (Fische)
- Naturholzbrett, 8 cm x 25 cm
- Kreidefarbe in Türkis, Grau, Braun und Hellgrau
- Farbe in Weiß
- Reagenzglas mit Naturkorken, ca. 17 cm lang
- Sand
- mini Muschelmix (für das Reagenzglas)
- Treibholzstück, ca. 10 cm lang
- Jutestück, 8 cm breit, 15 cm lang
- Bindedraht geglüht, ø 0,65 mm, 1 m lang
- Heißkleber
- Schleifpapier, 80er-Körnung
- Überzugslack für Kreidefarbe
- Holzbohrer, ø 8 mm und ø 10 mm

VORLAGE
Bogen 1B

1 Die Fische übertragen und aussägen. Beide Grautöne nicht zu gründlich mischen und ein Brett mit der Farbmischung grundieren. Das zweite Brett in Türkis grundieren. Achten Sie darauf, dass Sie eine lebendige Farbgestaltung erhalten, indem Sie die Farben streifenartig auftragen.

2 Das kleine Brett zunächst in Braun, nach dem Trocknen nochmals mit Türkis bemalen. Die Fische mit verdünntem Weiß bemalen und alles trocknen lassen.

3 Mit dem Schleifpapier die Farbe des Brettchens stellenweise wieder abnehmen, sodass die untere Farbschicht aber auch die Holzstruktur wieder etwas zum Vorschein kommen. Weiß mit etwas Wasser verdünnen, das graue Brett besprenkeln und liegend trocknen lassen. Die Teile mit Lack überziehen und erneut trocknen lassen.

4 Das kleine Brett mit Heißkleber befestigen und das Juteband mittig mit Draht zusammenbinden. Sand und Muscheln in das Reagenzglas füllen und das Glas gemeinsam mit den Fischen am Juteband befestigen. Alles zusammen mit einem Stück Treibholz am Brett befestigen.

Auf Wolke 7

Türschild in zarten Farben

MOTIVHÖHE
20 cm, mit Aufhängung 32 cm

MATERIAL

- 3 Sperrholzbretter, 10 mm stark, 25 cm x 20 cm (Türschild); 6 mm stark, 12 cm x 17 cm (Wolken); 3 mm stark, 4 cm x 4 cm (Stern)
- Kreidefarbe in Hellblau und Weiß
- Juteschnur, 45 cm lang
- Holzbohrer, ø 4 mm und ø 10 mm
- Heißkleber

VORLAGE
Bogen 2B

1 Übertragen Sie die Wolken und den Stern von der Vorlage auf das Sperrholz. Alle Teile aussägen und die Löcher für die Aufhängung in das Türschild bohren.

2 Bemalen Sie das Schild in Hellblau und zwei der Wolken in Weiß. Eine Wolke sowie der Stern bleiben Natur. Übertragen Sie die zwei zusätzlichen Sternchen von der Vorlage auf das Türschild und zeichnen Sie diese in Weiß auf. Anschließend die Farbe mit etwas Wasser verdünnen und das Türschild besprenkeln. Alles gut trocknen lassen.

3 Kleben Sie die Wolken mit Heißkleber an die Platte und fädeln Sie die Schnur als Aufhängung durch die Bohrlöcher. Die Enden der Schnur auf der Rückseite verknoten.

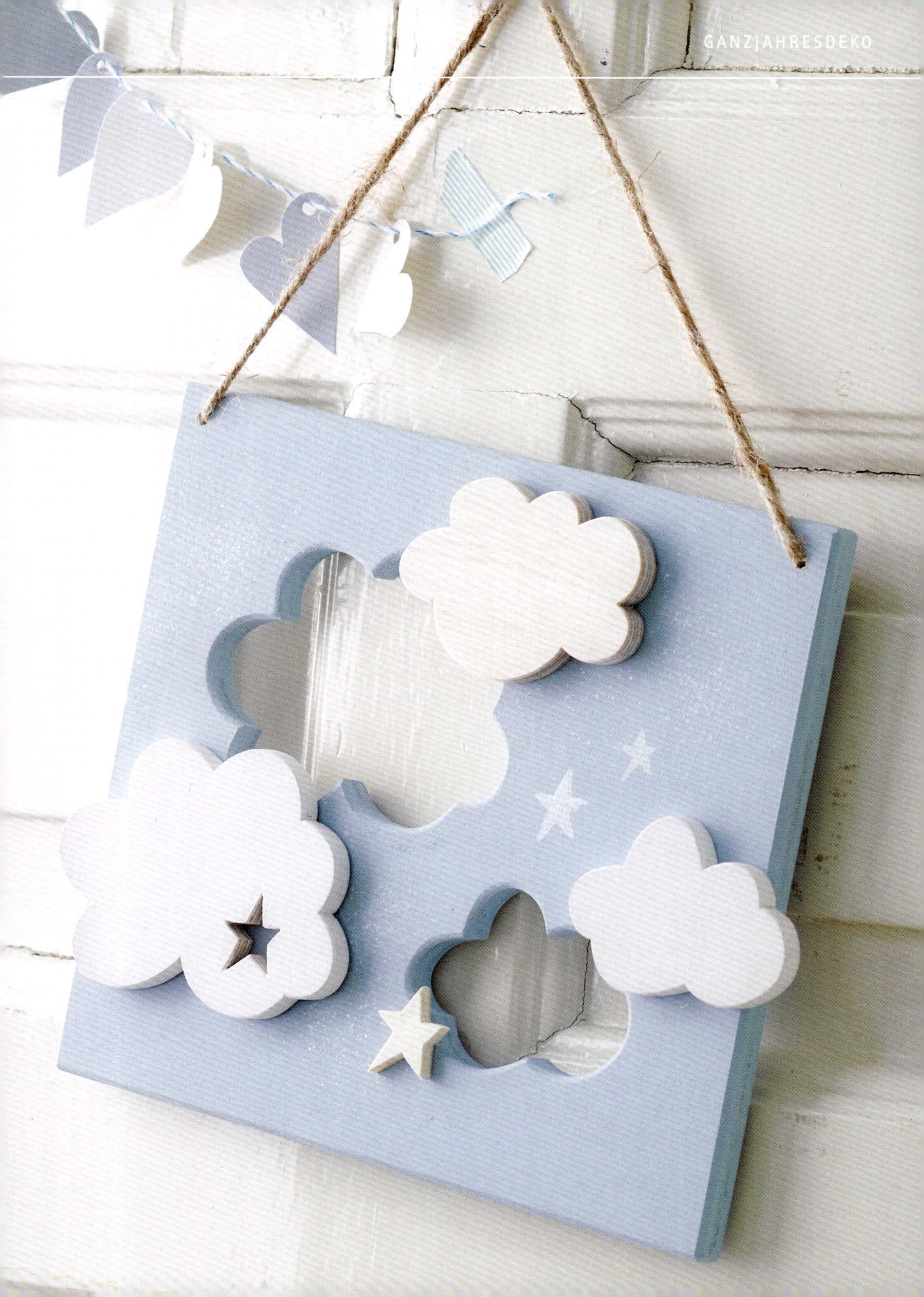

Ginkoblatt

chinesischer Glücksbaum als Anhänger

MOTIVHÖHE
25 cm

MATERIAL
- 2 Multiplex-Platten, 15 mm stark, 25 cm x 25 cm und 6 mm stark, 15 x 17 cm (Ginkoblatt)
- Kreidefarbe in Weiß, Grün und Grau
- Stempel mit Schriftzug
- Juteschnur, 55 cm lang
- Holzbohrer ø 3 mm und ø 2 mm
- Heißkleber
- Schleifpapier, 80er-Körnung
- Überzugslack für Kreidefarbe
- Holzbohrer, ø 8 mm und ø 10 mm

VORLAGE
Bogen 1B

1 Übertragen Sie den Kreis und das Ginkoblatt, sägen Sie alles aus und bohren Sie die Löcher für die Aufhängung.

2 Grün mit wenig Weiß mischen und die Scheibe bemalen. Verdünnen Sie die weiße Farbe mit Wasser und lasieren Sie das Blatt. Verwenden Sie auf der rechten Seite des Blattes auch unverdünnte Farbe, damit die Struktur besser zur Geltung kommt.

3 Nach dem Trocknen die Farbe im Randbereich stellenweise wieder etwas abschleifen. Den Stempel vorsichtig mit Grau bestreichen und die Scheibe an einigen Stellen bestempeln. Erneut alles trocknen lassen.

4 Hellen Sie die grüne Farbmischung nochmals mit Weiß auf und fahren Sie mit einem Hauch Farbe stellenweise leicht über die Schrift. Überziehen Sie die Teile mit Überzugslack.

5 Befestigen Sie das Ginkoblatt mit Heißkleber und fädeln Sie die Schnur durch die Bohrlöcher. Verknoten Sie die Endstücke. Fertig!

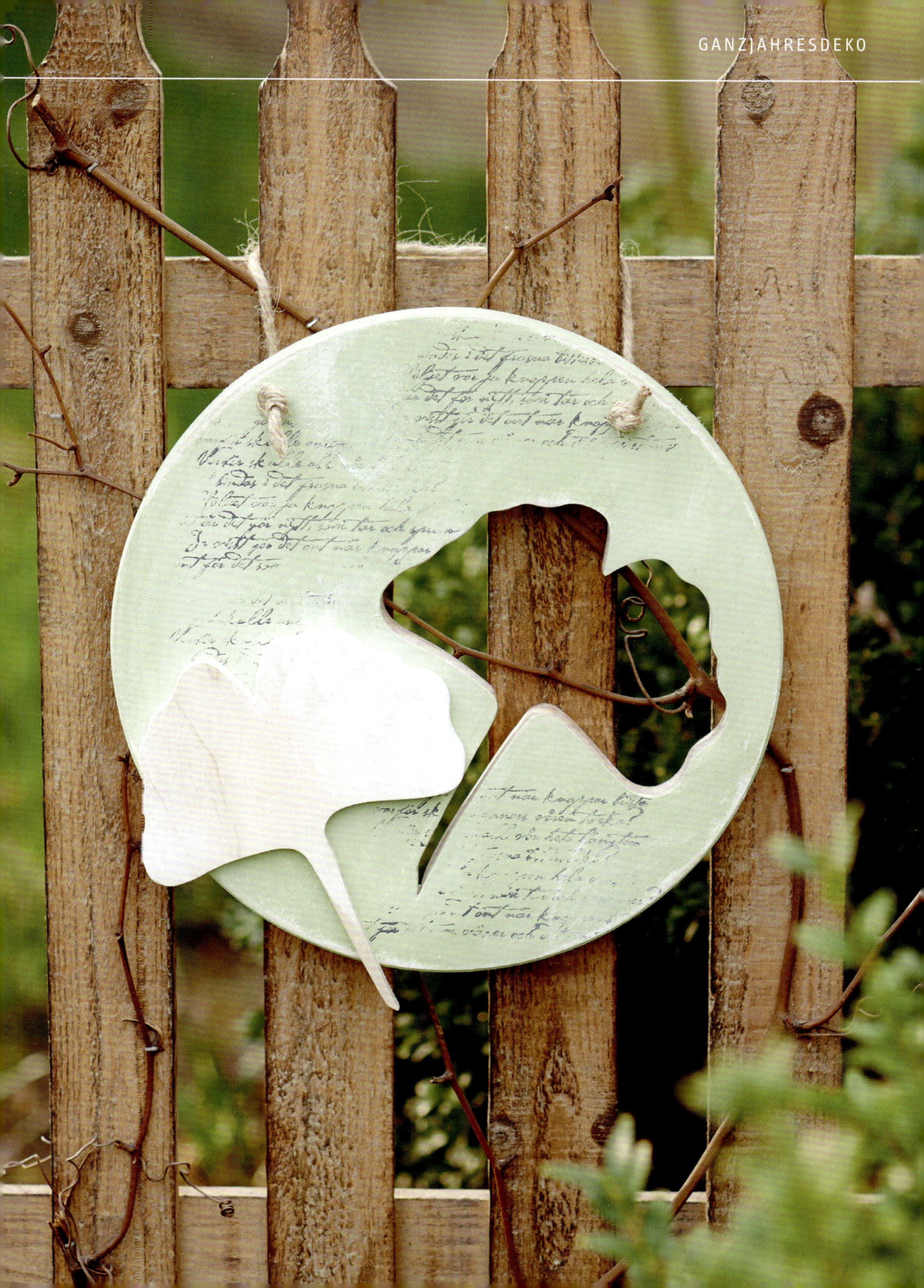

Herzpuzzle

fürs Fensterbrett

MOTIVHÖHE
24 cm

MATERIAL
- Leimholz, 18 mm stark, 24 cm x 25 cm
- Kreidefarbe in Weiß, Türkis und Grün
- Ranken, ca. 30 cm lang
- Karoband in Weiß-Grün, 1 cm breit, 1 m lang
- Heißkleber

VORLAGE
Bogen 2B

1 Das Motiv von der Vorlage auf das Brett übertragen und die Herzen aussägen. Mit einer Mischung aus Türkis und Weiß beide Herzen grundieren und gut trocknen lassen. Anschließend das kleine Herz vollständig in Weiß streichen.

2 Die Farbe nach dem Trocknen stellenweise wieder etwas abschleifen. Grün und Weiß mischen und mit einem Hauch Farbe stellenweise über das große Herz streichen.

3 Die Ranken arrangieren, mit dem Karoband zusammenbinden und mit Heißkleber am Herz befestigen. Stecken Sie das kleine Herz wieder in das große, lassen Sie dabei das Relief etwas herausschauen.

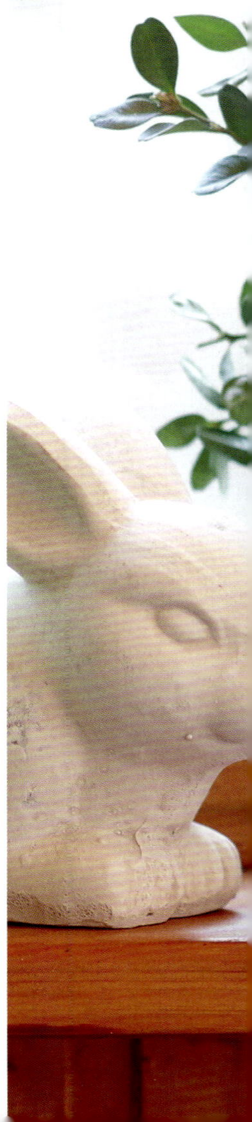

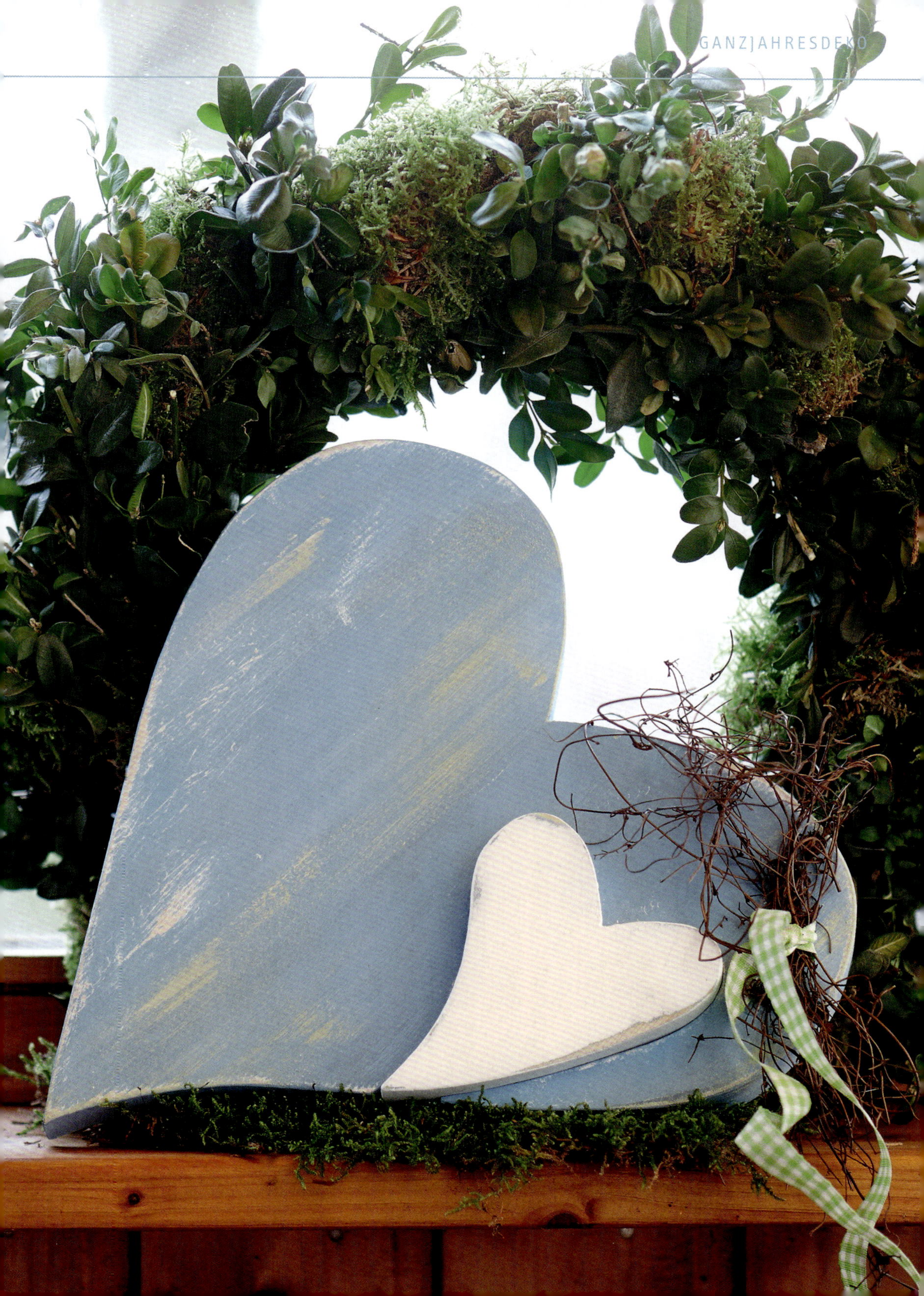

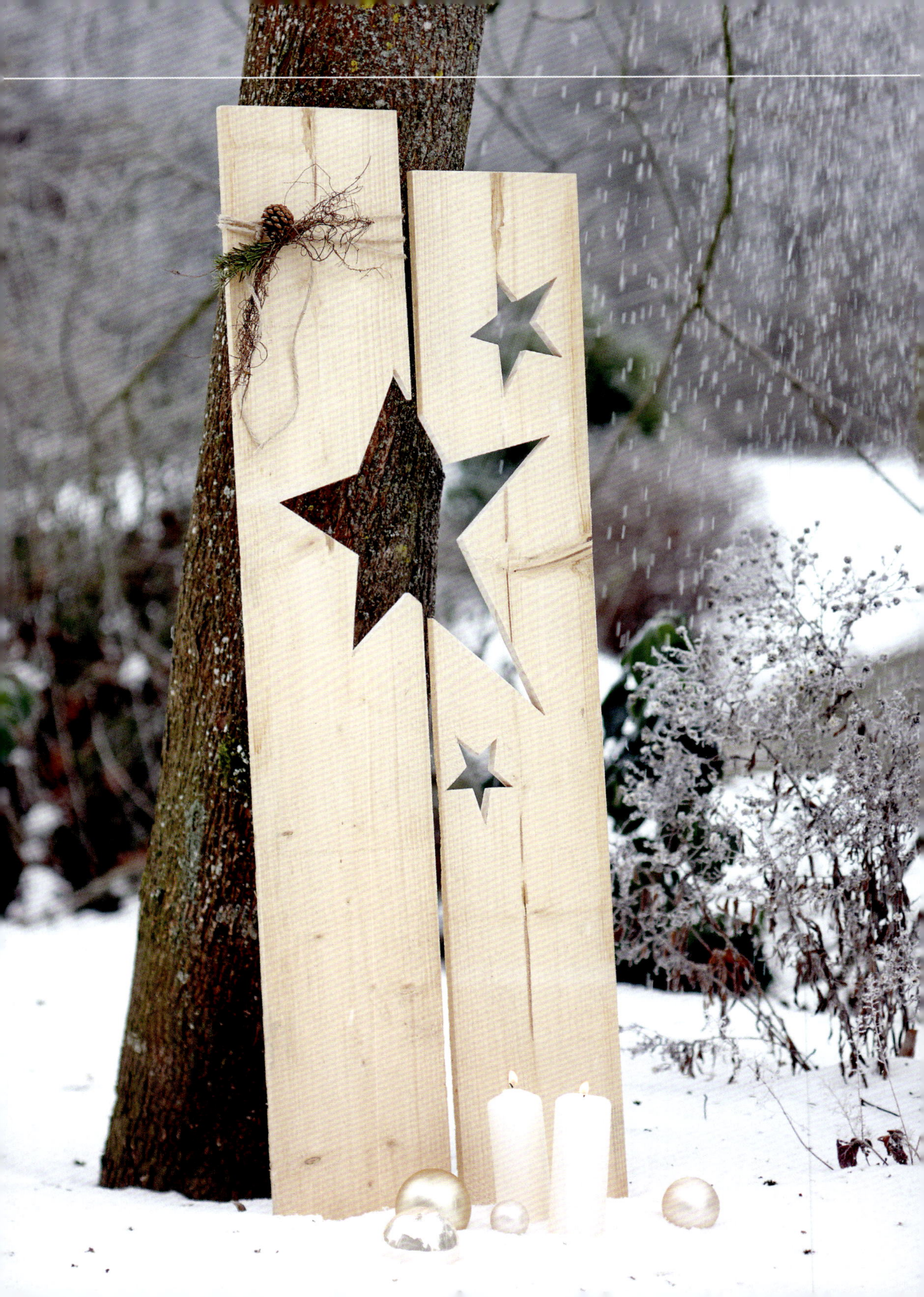

Sternenschar

am Schneehimmel

MOTIVHÖHE
120 cm

MATERIAL
- 2 Naturbretter, 18 mm stark, 20 cm x 115 cm und 20 cm x 120 cm
- Juteschnur, 1 m lang
- Zapfen, ca. 4 cm lang
- Tannenzweig, ca. 16 cm lang
- Holzbohrer, ø 10 mm

VORLAGE
Bogen 1B

1 Die Sterne von der Vorlage übertragen und aussägen. Die Schnur um das Motiv binden und den Zweig mit dem Zapfen anhängen.

Hinweis: Sollten Sie keine Naturbretter finden, verwenden Sie Leimholz. Dieses sollten Sie aber unbedingt mit Klarlack überziehen, um es vor der Witterung zu schützen.

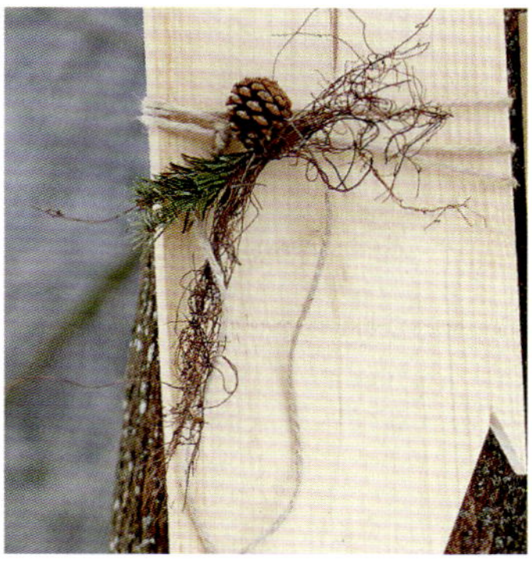

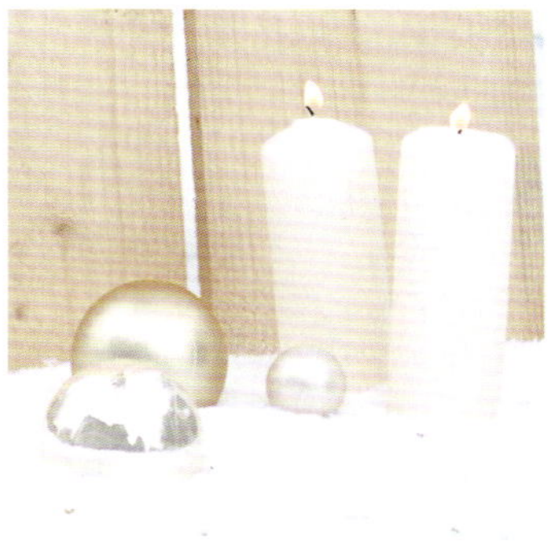

Mein Tipp für Sie

Alternative Sie können dieses Motiv auch mit Kugeln oder Anhängern dekorieren. Wenn Sie es farbiger mögen, können Sie die Bretter auch in Rot, Blau oder Grün grundieren.

Engelsflügel

schützen das Zuhause

MOTIVHÖHE
100 cm

MATERIAL
- 2 Leimholzbretter, 18 mm stark, 20 cm x 95 cm und 20 cm x 100 cm
- Farbe in Weiß und Silber
- Klarlack

VORLAGE
Bogen 1A

1 Den Flügel von der Vorlage auf die Bretter übertragen und aussägen. Weiß mit Wasser verdünnen und die Bretter streichen. Gut trocknen lassen.

2 Die Sterne von der Vorlage auf die Bretter abpausen und mit einem feinen Pinsel in Silber bemalen. Erneut trocknen lassen. Anschließend werden die Bretter mit Klarlack überzogen, um sie vor Feuchtigkeit und Witterung zu schützen.

Mein Tipp für Sie

Wetterschutz Sie können für die Motive flüssigen Klarlack oder Sprühlack aus dem Baumarkt verwenden.
Wenn Sie auf den Lack verzichten möchten, bemalen Sie die Bretter mit unverdünntem Weiß. Tragen Sie die Farbe dann ganz besonders sorgfältig auf, um eine geschlossene Farbfläche zu erhalten, damit später keine Feuchtigkeit ins Holz eindringen kann.

Hinweis

Für mehr Stabilität befestigen Sie die Bretter etwas versetzt mit Schrauben an einer 55 cm langen und 30 cm breiten Bodenplatten.

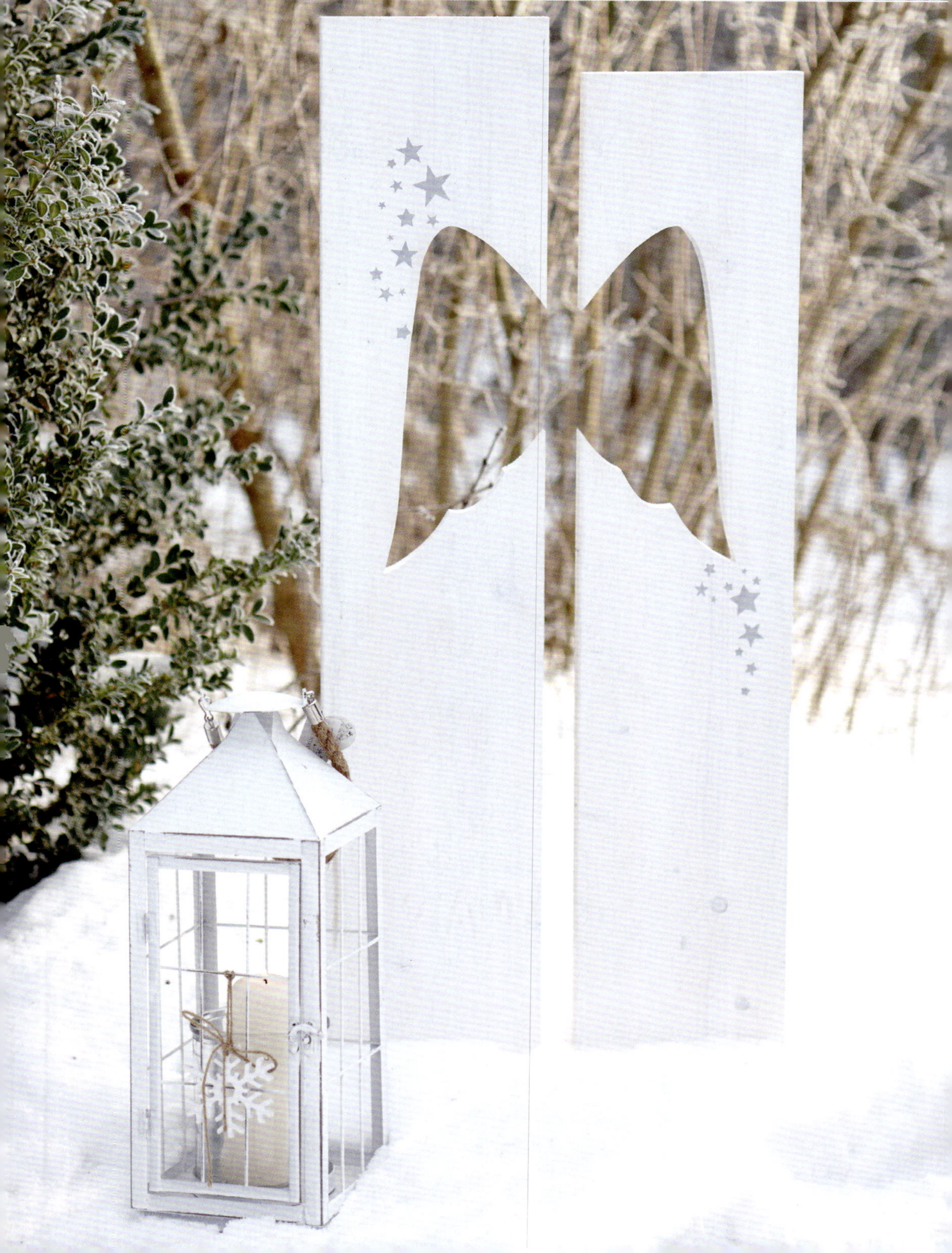

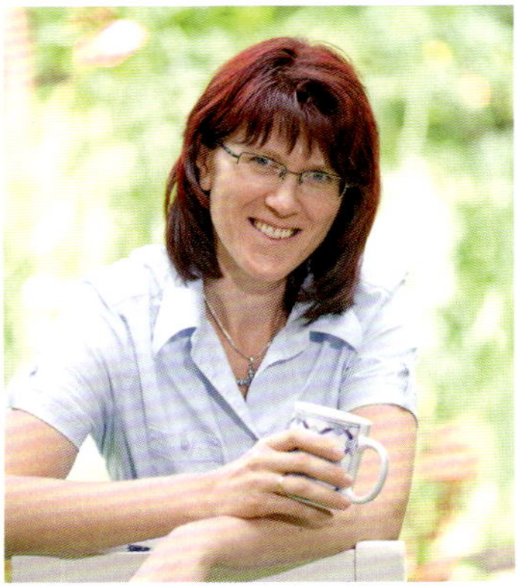

Alice Rögele hat ihr Hobby zum Beruf gemacht und arbeitet seit 1990 im Kreativbereich. Schon in ihrer Kindheit hat sie die Liebe zum Malen entdeckt. Seit 2004 ist sie als erfolgreiche Autorin beim frechverlag tätig. Ihre Leidenschaft für Schönes und ihre Begeisterung für Genussartikel hat sie seit dem 1. März 2013 in ihrem Laden „StilEcht" in Dinkelsbühl (www.stilecht-dinkelsbühl.de) vereint. Gerne können Sie auch auf ihrem facebook-Profil unter Alice Rögele vorbeischauen.

TOPP – Unsere Servicegarantie

WIR SIND FÜR SIE DA! Bei Fragen zu unserem umfangreichen Programm oder Anregungen freuen wir uns über Ihren Anruf oder Ihre Post. Loben Sie uns, aber scheuen Sie sich auch nicht, Ihre Kritik mitzuteilen – sie hilft uns, ständig besser zu werden.

Bei Fragen zu einzelnen Materialien oder Techniken wenden Sie sich bitte an unseren Kreativservice, Frau Erika Noll.
mail@kreativ-service.info
Telefon 07 11 / 8 30 86 68

Das Produktmanagement erreichen Sie unter:
pm@frechverlag.de
oder:
frechverlag
Produktmanagement
Turbinenstraße 7
70499 Stuttgart
Telefon 07 11 / 8 30 86 68

LERNEN SIE UNS BESSER KENNEN! Fragen Sie Ihren Hobbyfach- oder Buchhändler nach unserem kostenlosen Magazin **Meine kreative Welt.** Darin entdecken Sie zweimal im Jahr die neuesten Kreativtrends und interessantesten Buchneuheiten.

Oder besuchen Sie uns im Internet! Unter **www.topp-kreativ.de** können Sie sich über unser umfangreiches Buchprogramm informieren, unsere Autoren kennenlernen sowie aktuelle Highlights und neue Kreativtechniken entdecken, kurz – die ganze Welt der Kreativität.

Kreativ immer up to date sind Sie mit unserem monatlichen **Newsletter** mit den aktuellsten News aus dem frechverlag, Gratis-Bastelanleitungen und attraktiven Gewinnspielen.

IMPRESSUM

FOTOS: frechverlag GmbH, 70499 Stuttgart; lichtpunkt, Michael Ruder, Stuttgart; Alice Rögele (alle Arbeitsschrittfotos)

PRODUKTMANAGEMENT UND LEKTORAT: Lara Schaufler

GESTALTUNG: Eva Grimme, David Horstmann

DRUCK: Tiskárna Grafico s.r.o., Tschechische Republik

5. Auflage 2021

ISBN 978-3-7724-4325-1 • Best.-Nr. 4325